Franziskus und das Lied der Lerche

Erich Jooß

Franziskus
und das Lied
der Lerche

Mit Bildern
von
Ludvik
Glazer-Naudé

gabriel

Jooß, Erich:
Franziskus und das Lied der Lerche
ISBN 3 522 30038 6

Einband- und Innenillustrationen: Ludvik Glazer-Naudé
Einbandtypografie: Michael Kimmerle, Stuttgart
Texttypografie: Kadja Gericke, Arnstorf
Schrift: Aldus roman + Advert-Rough
Satz: KCS GmbH, Buchholz/Hamburg
Reproduktion: immedia 23, Stuttgart
Druck und Bindung: Friedrich Pustet, Regensburg
Lektorat: Katharina Ebinger
© 2003 by Gabriel Verlag
(Thienemann Verlag GmbH),
Stuttgart/Wien
Printed in Germany. Alle Rechte vorbehalten.
5 4 3 2 1* 03 04 05

Gabriel im Internet: www.gabriel-verlag.de

Inhalt

Es begann in Assisi

Assisi war eine Stadt mit starken Mauern. Sie lag auf einem Hügel. Zwischen den Häusern gab es genügend Platz für Bäume und Gärten. Wer die hellen Gassen betrat, wusste sofort: Hier lebt man gut, hier kann man fröhlich sein.

Das wusste auch Pietro Bernardone. Er zählte zu den Reichen und Angesehenen in Assisi und betrieb einen großen Tuchhandel. Der Kaufmann kam viel herum. Besonders gern reiste er nach Frankreich. Dort kaufte er seine Stoffe ein.

1181 oder 1182 – ganz genau wissen wir es nicht – wurde der erste Sohn von Pietro Bernardone geboren. Seine Mutter, Piça Bernardone, nannte ihn Giovanni. Als der Vater von einer Handelsreise heimkehrte, ließ er den Namen ändern. Von nun an hieß der Sohn nach dem Lieblingsland des Vaters:

Francesco – der kleine Franzose.

Oder Franziskus.

Die Eltern verwöhnten ihren Sohn. Er trug die feinsten Kleider und feierte wilde, laute Feste. Mit seinen Freunden ging er auf die Jagd. Weil er so gut singen und tanzen konnte, bewunderten ihn die anderen jungen Leute.

Franziskus war schmal, fast zierlich. In seinem Gesicht leuchteten dunkle Augen und zogen die Menschen geheimnisvoll an. Er hatte eine klare, sanfte Stimme. Wenn er sprach, hörten alle zu.

Das Leben war bunt für Franziskus, er kannte keine Sorgen. Dann, plötzlich, änderte sich alles. Zwischen den Städten Assisi und Perugia kam es zum Krieg. Der Sohn des Tuchhändlers ließ sich vom Vater wie ein Edelmann ausstatten. Stolz ritt er auf einem kostbaren Pferd, seine prunkvolle Rüstung glänzte.

Aber nichts davon blieb ihm. Das kleine Heer aus Assisi wurde vernichtend geschlagen. Franziskus geriet in Gefangenschaft. Erst nach einem Jahr konnte ihn sein Vater freikaufen. Mit Sorge sah er, dass der Sohn ein anderer geworden war. Vergeblich versuchte Franziskus, wie früher zu leben.

Es gelang ihm nicht mehr. Lange Zeit lag er krank zu Hause.

Als es ihm endlich besser ging, bat er den Vater: »Lass mich mit Pilgern nach Rom ziehen.« Pietro Bernardone freute sich darüber. Das tut ihm gut, dachte er. Diese Stadt, die voller Leben ist, bringt meinen Sohn auf andere Gedanken …

Doch er täuschte sich. Vor den Kirchen, in denen Franziskus beten wollte, hockten Scharen von Bettlern. So viele Arme hatte er nie zuvor gesehen. Sie waren mit Lumpen bedeckt und streckten ihm ihre Hände entgegen. Dabei klagten sie laut.

Franziskus erschrak. Kurz entschlossen streifte er den Mantel ab, zog den Leinenkittel und die weichen Lederstiefel aus. Er tauschte seine feinen, teuren Kleider mit den zerrissenen Kleidern eines Bettlers. Dann setzte er sich zu den Hungrigen und bat die Vorübergehenden um eine Gabe.

Zum ersten Mal sah er den Geiz in den Gesichtern der Reichen. Und zum ersten Mal spürte er, wie sich die Menschen fühlten, die kein Dach über dem Kopf und kein Brot im Schrank hatten.

Daheim machte ihm der Vater heftige Vorwürfe. Sein Sohn, der sich auf einmal um die Verachteten kümmerte, war ihm fremd geworden. Pietro Bernardone wollte nicht glauben, was er über Franziskus gehört hatte.

»Du trägst mein Geld sogar zu den Kranken«, schimpfte er. Es klang enttäuscht und böse. Warum ekelte sich Franziskus nicht vor den Geschwüren der Aussätzigen? »Andere reiten am Spital vorbei. Aber du steigst von deinem Pferd und verbindest ihre Wunden!«

Während sein Vater immer wütender wurde, schwieg Franziskus. Noch wusste er nicht, wohin ihn sein Weg führen würde.

Eines Tages betrat er das Kirchlein von San Damiano. Es lag vor den Toren der Stadt und war in einem trostlosen Zustand. Durch das morsche Dach sickerte der Regen, der Verputz blätterte von den Mauern. Als Franziskus zum Beten niederkniete, hörte er eine Stimme.

»Siehst du nicht, wie mein Haus verfällt? Stell es wieder her«, bat sie ihn.

So etwas kostet Geld. Viel Geld! Franziskus überlegte nicht lange. Eilig ritt er zurück und verkaufte auf dem Markt sein Pferd mit Sattel und Zaumzeug. Anschließend holte er aus dem Laden des Vaters einen Stoffballen, für den er ebenfalls einen Käufer fand.

Als Pietro Bernardone davon erfuhr, wurde er rasend vor Zorn. Er sperrte den Sohn ein, er flehte ihn an wieder vernünftig zu werden, er schlug ihn sogar. Aber Franziskus zeigte keine Reue.

Da verklagte Pietro Bernardone den Sohn beim Bischof. Franziskus war nicht nur ungehorsam, er hatte ihn auch bestohlen. Dafür musste er zur Rechenschaft gezogen werden, dafür sollte er büßen.

Bischof Guido ließ die beiden kommen. Vor dem Dom trafen sie sich. Der ganze Platz war voll von Neugierigen. Vergeblich versuchte der Bischof zwischen den Streitenden zu schlichten.

»Gib zurück, was mir gehört!«, schrie Pietro Bernardone.

Auf einmal verschwand Franziskus in der Kirche. Gleich darauf kehrte er nackt zurück. Er legte seine Kleider zu Füßen des Vaters nieder, auch das Geld, das er für den Stoffballen und für das Pferd mit Sattel und Zaumzeug bekommen hatte.

Pietro Bernardone schaute den Sohn nicht mehr an. Still hob er alles auf und ging.

Jetzt hatte Franziskus seinen Vater endgültig

verloren. Ein Diener des Bischofs hängte ihm einen alten Mantel um. So verließ er die Stadt. Von nun an wird mich der Vater im Himmel beschützen, dachte er. Gott lässt mich nicht allein.

Weil Franziskus kein Geld mehr besaß, bettelte er Balken, Steine und Mörtel für San Damiano zusammen. Unermüdlich baute er an der kleinen Kirche. Sein Eifer wirkte ansteckend. Bald halfen ihm ein paar Bürger aus Assisi. So dauerte es nicht lange, bis das Gotteshaus in frischem Glanz erstrahlte.

Auch um die Kapelle Santa Maria di Portiuncula, die abgeschieden im Wald lag, kümmerte sich Franziskus. Dort gefiel es ihm am besten, dort konnte er wie ein Einsiedler leben. Nur selten ging er in die Stadt und bat um Brot.

Manchmal warfen ihm die Bürger halb verfaulte Speisereste zu. Sie verspotteten den

Sohn des reichen Bernardone. »Seht ihn an, er geht barfuß«, sagten sie, »und er trägt eine braune, schäbige Kutte.«

Dann dachte Franziskus: Auch Jesus sandte seine Jünger ohne Gold und Silber in die Welt hinaus. Sie besaßen keine Schuhe und nahmen nichts mit, nicht einmal einen Wanderstab, auf den sie sich stützen konnten.

Nach einer Weile sprach sich herum, was der kleine, arme Franziskus tat. Immer mehr junge Männer verließen ihre Familien und schlossen sich ihm an. Franziskus nannte seine Freunde »Minderbrüder«. Wie Bettler sollten sie leben. Er untersagte ihnen in Steinhäusern zu wohnen. Deshalb errichteten sie Lehmhütten neben der Portiuncula, so hieß das Kirchlein beim Volk.

Die Brüder pflegten Kranke, Alte und Gebrechliche. Sie halfen den Bauern auf den Feldern und verlangten keinen Lohn dafür, nur etwas zu essen. Franziskus schickte sie in alle Himmelsrichtungen, damit sie den Menschen von Gott erzählten.

Auch der Mann aus Assisi zog durch das Land. Wenn er irgendwohin kam, liefen die Leute zusammen. Franziskus aber stellte sich in den Schatten eines Baumes und predigte.

Manchmal erfüllte ihn dabei eine große Freude. Dann nahm er zwei Stöcke: Den einen hielt er wie eine Geige in der linken Hand, den anderen wie einen Bogen in der rechten. Und er strich mit dem Bogen über die Geige und fiedelte und sang so ausgelassen, dass alle, die ihn sahen, zu lächeln begannen.

So fand der Narr Gottes Zugang zu den Herzen der Menschen.

Es gibt viele Geschichten über den kleinen Mönch und seine Brüder: fröhliche und traurige, friedliche und zornige, weise und verrückte. Die schönsten dieser Geschichten erzählen von der Liebe des Heiligen zur Schöpfung und zu den Geschöpfen.

Was Gott erschaffen hatte, das wollte der Mann aus Assisi mit der ganzen Kraft seines Herzens bewahren und beschützen.

Schwester Grille

Immer wieder zog es Franziskus zu der kleinen Kirche von Portiuncula. Vor der Hütte, in der er wohnte, stand ein Feigenbaum. Dort saß eine Grille, versteckt zwischen den Blättern. Manchmal zirpte sie und manchmal schwieg sie auch, ganz wie ihr zumute war.

Franziskus liebte den Gesang dieser Grille. Eines Tages rief er: »Komm, meine Schwester«, und streckte ihr die Hand entgegen.

Da sprang das Tierchen zu ihm hinunter. Geduldig wartete es auf seiner Hand, bis er bat: »Jetzt preise deinen Schöpfer. Jubiliere für ihn.«

Kaum hatte er die Grille dazu aufgefordert, begann sie auch schon zu singen. Hell erklang ihre Stimme. Sie verstummte erst wieder, als Franziskus sagte: »Kehr nun heim, meine Schwester, und ruh dich aus in deinem Feigenbaum.«

Sieben Tage verstrichen. Jeden Tag wiederholte sich das Wunder: Franziskus lockte die Grille und sie ließ sich auf seiner Hand nieder. Dann zirpte sie so fröhlich, dass alle Brüder zusammenliefen. Voller Verwunderung lauschten sie.

Am achten Tag aber beugte sich Franziskus noch behutsamer als sonst über die Grille. »Mit deinem Gesang hast du den Schöpfer gelobt«, flüsterte er. »Dafür danke ich dir.«

Er machte eine Pause. Dann fügte er hinzu: »Genieße jetzt den Sommer, liebe Schwester, genieße ihn. Du bist frei.«

Als hätte sie die Worte verstanden, faltete die Grille ihre Flügel auseinander und sprang fort.

Von diesem Tag an sang sie nicht mehr im Feigenbaum vor der Portiuncula.

Vom treuen Fasan

Auf seinen Wanderungen, die ihn durch das ganze Land führten, gelangte Franziskus auch nach Siena. Dort wurde er krank. Es ging ihm so elend, dass er sich niederlegen musste. Ein Edelmann erfuhr davon und wollte dem Bettelmönch eine Freude machen. Wie soll der Heilige wieder zu Kräften kommen, wenn sein Magen leer ist, dachte er und sandte ihm einen Fasan, die Lieblingsspeise der Reichen.

Der Diener, der das Geschenk überbrachte, war voller Eifer. »Mein Herr lässt euch grüßen«, richtete er Franziskus und seinen Brüdern aus. Dann hob er das Tuch über dem Korb und holte den Fasan hervor. Stolz zeigte er ihn. »Frisch gefangen und gut genährt«, rief er und lachte dabei. »Wer schlachtet den Prachtkerl oder soll ich es tun?«

Der Fasan hatte lange, dunkelgrüne Schwanzfedern, die im Sonnenlicht schimmerten. Franziskus sah aber auch den traurig gebogenen Hals und die verstörten Augen des Vogels. Warum gingen die Menschen so grausam mit den Geschöpfen Gottes um?

Seufzend richtete sich Franziskus von seinem Lager auf. »Ich danke deinem Herrn für das Geschenk«, sagte er zu dem Diener. »Diese Freigebigkeit ehrt ihn.« Danach wandte er sich an seine Gefährten, die den schönen Vogel bewunderten. Zum Erstaunen des Dieners bat er sie: »Bringt den Fasan in die Weinberge. Zwischen den Rebstöcken gibt es genügend Verstecke. Dort ist er hoffentlich sicher vor allen Feinden.«

Obwohl ihr Hunger groß war, erfüllten die Brüder seinen Wunsch. Sie ergriffen den Vogel und setzten ihn in den Weinbergen aus. Doch nach kurzer Zeit kehrte er zurück. Beim nächsten Mal wurde er noch weiter fortgetragen und beim dritten Mal so weit, dass alle dachten, jetzt würde er endgültig wegbleiben.

Aber sie täuschten sich. Denn bevor der Abend anbrach, hörten sie ein Schwirren in der Luft. Mit weit ausgebreiteten Flügeln landete der Fasan zwischen ihnen. Als er merkte, dass sie ihn nicht zu Franziskus lassen wollten, schlüpfte er unter ihren Kutten hindurch in die Hütte des Mönchleins. Der Lärm, der dadurch entstand, weckte den Kranken. Zärtlich strich er über das Federkleid des Vogels und redete mit ihm, wie er mit den Menschen redete.

Von nun an begleitete ihn der Fasan auf Schritt und Tritt. Das beobachtete auch ein Arzt

aus Siena, dem der prächtige Vogel gefiel. »Du kannst ihn nicht mitnehmen, wenn du wieder aufbrichst«, sprach er Franziskus an. »Deshalb bitte ich dich: Gib ihn mir. Ich werde mich um den Fasan kümmern.«

Das Mönchlein überlegte eine Weile. »Vielleicht hast du Recht«, sagte es schließlich und fühlte, dass eine Sorge von ihm wich. Bestimmt war sein Schützling gut aufgehoben bei dem Mann.

Noch am gleichen Tag holte der Arzt den Vogel ab. Wie versprochen tat er alles für ihn. Trotzdem ließ sein Gast die Flügel hängen und saß trübselig im Hof des Stadthauses. Beharrlich weigerte er sich etwas zu fressen. Immer stiller wurde er, bis dem Arzt nichts anderes übrig blieb: Er musste den Fasan schweren Herzens zurückbringen.

Kaum erblickte der Vogel Franziskus, da war

seine Traurigkeit verschwunden. Aufgeregt drängte er sich an ihn. Dabei schlug er mit den Flügeln und gurrte, so laut er konnte.

Der Mann aus Assisi aber breitete die Arme aus. Voller Freude lobte er den Schöpfer im Himmel.

»Du hast meinem Fasan nicht nur ein schönes Gefieder gegeben«, rief er, »sondern auch ein treues Herz.«

Der Taubenfänger

Ein junger Mann aus Siena wollte sich ein wenig Geld verdienen. Darum fing er Ringeltauben und verkaufte sie auf dem Markt. Dort saß er in einer langen Reihe mit den Bauern und den Händlern. Ringsum gackerten die Hühner, Ferkel quiekten und Schafe blökten. Einzig die Tauben in ihrem Korb drängten sich zitternd aneinander. Vor Angst waren sie ganz still geworden.

Als Franziskus die armen Geschöpfe sah, regte sich das Mitleid in ihm. »Du kennst mich«, sagte er zu dem jungen Mann. »Jeder in Siena kennt mich. Bitte, schenk mir diese Vögel.«

In seiner geflickten Kutte stand Franziskus vor dem Taubenfänger. Er hatte kein Geld. Nichts hatte er, nicht einmal die kleinste Münze, nur bittende Augen und eine sanfte, leidenschaftliche Stimme.

»Gib mir die Tauben. Sie sollen wieder frei sein und fliegen«, beschwor er den jungen Mann noch einmal. Danach setzte er sich auf die Erde und nahm den Korb in seine Hände. »Warum habt ihr nicht aufgepasst, meine lieben Schwestern?«, fragte er die Vögel vorwurfsvoll. »Ich spüre eure Angst. Wie gerne würde ich euch retten! Ich will nicht, dass euch die Menschen töten.«

Je länger Franziskus mit den Tauben redete, umso unruhiger wurde der junge Mann. Er kämpfte mit sich und sah abwechselnd auf den kleinen Mönch und auf die Tiere. Schließlich gab er sich einen Ruck und überließ Franziskus den Korb mit den Tauben, ohne etwas dafür zu verlangen.

Da strahlte der Mann aus Assisi. Am liebsten hätte er den Taubenfänger umarmt. »Mein Sohn«, rief Franziskus, »du hast ein weiches Herz. Eines Tages nehme ich dich in die Schar meiner Brüder auf. Dann trägst du eine braune Kutte wie ich.«

Immer noch fröhlich ergriff er den Korb und eilte heim. So groß war seine Liebe zu den Vögeln, dass er sogar aus Zweigen und Blättern Nester für sie herrichtete. Diese Nester setzte er in die Bäume rund um das Kloster. Die Ringeltauben brüteten darin ihre Eier aus.

Zutraulich flogen die jungen Vögel auf die Schulter von Franziskus. Sogar aus seiner Hand fraßen sie. Auch bei den Brüdern legten die Tauben ihre Scheu ab. Bald wurden sie zahm wie Hühner.

Die Zeit verstrich. Eines Tages stand ein Mann vor dem Kloster. Lange sah er den Vögeln zu. Dann klopfte er an die Pforte. »Ich bin der Taubenfänger«, sagte er zu Franziskus. »Suchst du noch einen Gefährten?«

So erfüllte sich, was das Mönchlein vorhergesagt hatte.

Wie Franziskus den
großen Fisch rettete
und einen Hasen außerdem

Einmal saß Franziskus in einem Schifflein auf dem See von Rieti. Da kam ein Fischer mit seinem Boot vorbei und schenkte ihm eine Schleie, die er gerade gefangen hatte.

Die Schleie war sehr groß. Verzweifelt zuckte sie und schnappte nach Luft. Ihr Schwanz schlug auf den Boden des Schiffleins und ihre Kiemen öffneten sich immer weiter.

Franziskus wollte nicht zusehen, wie der Fisch leiden musste. Darum hob er ihn auf. Sanft berührte er seine Schuppen. »Mein Bruder«, sagte er, »meide in Zukunft alle Netze. Sei klug! Verberge dich lieber, bevor du gefangen wirst.« Dann beugte er sich über den Bootsrand und ließ die Schleie in das Wasser springen.

Eine Weile noch begleitete der große Fisch Franziskus. Fröhlich spielte er mit den Wellen und streckte immer wieder den Kopf aus dem See. Erst als er von dem Mönchlein gesegnet wurde, schwamm er davon.

Ein anderes Mal – das war bei Greccio am Fuße der Sabinerberge – fing ein Mann einen Hasen in der Schlinge. Er schenkte den Hasen einem Gefährten von Franziskus, der ihn voller Freude zu dem Mönchlein brachte.

»Ach, mein Bruder Langohr«, rief Franziskus, sobald er das zitternde Tier sah. »Warum hast du dich überlisten lassen? Komm her zu mir!«

Als der Gefährte den Hasen auf den Boden setzte, schlug dieser einen Haken und noch einen und sprang in den Schoß von Franziskus. Dort fühlte er sich geborgen und hielt ganz still, während Franziskus über sein Fell streichelte.

Danach gab er ihn frei, aber der Hase kehrte sofort zurück. Das tat er so oft, bis er in den nahen Wald getragen wurde, wo er hoppelnd verschwand.

Die Vogelpredigt

Überall in den Dörfern und in den Städten sprach Franziskus von der Liebe Gottes zu den Menschen. So war es auch in Savurnia. Bruder Angelo und Bruder Masseo begleiteten ihn dabei.

Die Bewohner des Burgfleckens wunderten sich über den kleinen Mönch, der in seiner armseligen Kutte vor ihnen stand und zu predigen begann. Franziskus sah so dünn aus. Am liebsten hätten sie ihn zum Essen in ihre Häuser eingeladen. Aber seine Augen leuchteten und seine Stimme hielt sie fest und zwang sie zum Zuhören.

Nur die Schwalben schienen unbeeindruckt von dieser Stimme. Sie saßen auf den Dächern ringsum und zwitscherten so laut, dass sie Franziskus übertönten. Eine Weile ließ er sich den fröhlichen Lärm gefallen. Dann sagte er: »Bitte, meine Geschwister, seid jetzt still, weil ich zu den Menschen reden möchte.«

Sofort verstummten die Schwalben. Aufmerksam streckten sie ihre Köpfe vor und lauschten, während Franziskus sprach. Mit den Zuhörern staunten auch Angelo und Masseo. Später erzählten sie allen, die es wissen wollten, dass dem Mann aus Assisi sogar die Schwalben gehorchten.

Noch am gleichen Tag zogen der Heilige und die beiden Brüder weiter durch das Spoleto-Tal. In der Nähe von Bevagna entdeckten sie auf den Bäumen am Wegrand einen riesigen Vo-

gelschwarm. Nie zuvor hatten sie so viele Ringeltauben, Krähen und Dohlen gesehen. Auch Elstern und Eichelhäher saßen in den Zweigen. »Der Friede Gottes sei mit euch«, rief Franziskus voller Überraschung zu ihnen hoch und breitete die Arme weit aus.

Jetzt hat er die Vögel erschreckt, gleich werden sie davonfliegen, dachte Angelo und Masseo dachte dasselbe. Doch sie täuschten sich. Anstatt ängstlich fortzuflattern ging der Schwarm auf einem Feld in der Nähe von Franziskus nieder. Dort warteten die Vögel, ohne sich zu rühren oder den geringsten Laut von sich zu geben. So still war es, dass sogar der Wind aufhörte zu wehen.

In diese Stille hinein sprach Franziskus. »Meine gefiederten Freunde«, sagte er zu den Vögeln, »der Vater im Himmel muss euch besonders lieben. Denn er gab euch die Freiheit, überallhin zu fliegen. Die Luft ist eure Heimat. Während wir auf der Erde bleiben müssen, steigt ihr zum Himmel empor und schwebt mit ausgebreiteten Flügeln im Sonnenlicht. Vom gütigen Gott, der für euch sorgt, habt ihr ein Federkleid bekommen. Ihr sät nicht, ihr erntet nicht und leidet doch keinen Hunger und keinen Durst. Denn überall gibt es Körner, überall gibt es Quellen für euch. Der Allmächtige erschuf das Felsengebirge und die hohen Bäume. Dort könnt ihr ungestört eure Nester bauen. Glaubt mir, er liebt euch! Deshalb lobt ihn allezeit.«

Kaum hatte Franziskus seine Predigt beendet, reckten die Vögel ihre Hälse und öffneten ihre Schnäbel. Dazu schlugen sie mit den Flügeln, als wollten sie bestätigen, was das Mönchlein gesagt hatte. Franziskus aber wanderte zwischen ihnen umher. Obwohl er sie mit seiner Kutte streifte, blieben sie furchtlos sitzen.

Erst als er die Vögel segnete, erhoben sie sich. Ein Rauschen ging durch die Luft, während sie nach Osten und Westen, nach Süden und Norden flogen. So zeichneten sie ein großes Kreuz in den Himmel.

»Warum habe ich den Gefiederten nicht schon früher gepredigt?«, fragte Franziskus seine Gefährten. Er machte sich Vorwürfe. Von nun an redete er mit allen Geschöpfen und bat sie, ihrem Schöpfer zu danken.

Sogar die Blumen forderte er dazu auf.

Und die Steine ebenfalls.

Am Weihnachtstag

Franziskus liebte den Weihnachtstag. Er war fröhlich an diesem Tag und wollte, dass sich jeder Christ mit ihm freute. Aber er dachte auch an die hilflosen Geschöpfe Gottes, die unter der klirrenden Winterkälte und der Boshaftigkeit der Menschen litten.

»Könnte ich nur mit dem Kaiser reden«, klagte er. »Ich würde ihn um ein Gesetz bitten. Es soll allen Menschen verbieten unseren Schwestern, den Vögeln, mit Leimruten und Netzen nachzustellen. Außerdem sollen die Bürgermeister und Burgherren dafür sorgen, dass am Weihnachtstag Weizenkörner gestreut werden.

Dann brauchen die Vögel nicht mehr zu hungern, während wir uns freuen.«

Immer wieder musste Franziskus an das Wunder von Betlehem denken. »Maria hat ihr Kind in einer Höhle zur Welt gebracht. Neben Josef sind nur der Ochs und der Esel dabei gewesen«, erklärte er seinen Brüdern. »Deshalb sollen wir diesen Tieren in der Heiligen Nacht das beste Futter vorsetzen. Dann glänzen ihre Augen wie damals, als Jesus geboren wurde.«

So sprach Franziskus und feierte Weihnachten mit den Armen und allen Geschöpfen, die bei ihm Zuflucht suchten.

Die Krippe im Wald

Damals lebte in dem Städtchen Greccio ein Ritter, der Johannes hieß. Als Herr des Städtchens sah er mit Freude, dass sich die Gefährten von Franziskus auch in seinem Gebiet niederließen. Er schenkte ihnen einen großen bewaldeten Berg, der sich gleich hinter den Häusern von Greccio erhob. Im Sommer kühlte der Berg das Städtchen mit seinem Schatten und im Winter schützte er es vor dem kalten Wind.

Es war spät im Jahr, als Franziskus nach Greccio kam. Die Bäume streckten ihre kahlen Äste in den Himmel und der Regen, der jetzt öfter fiel, ging immer wieder in Schnee über. Der Weihnachtstag stand schon vor der Tür.

Dieses Mal wollte Franziskus anders als sonst an die Geburt des Jesuskindes erinnern. Das sollte ein Fest werden, wie es noch niemand gefeiert hatte …

Deshalb ließ er den Ritter Johannes rufen. »Das göttliche Kind wurde in einer zugigen, feuchten Höhle geboren«, sagte er zu dem Edelmann. »Es lag auf Heu und war arm und schutzlos. Nur der Ochs und der Esel gaben dem Kind Wärme. Aber das ist lange her. Es wird Zeit, dass wir daran wieder denken.«

Dann bat er den Ritter Johannes ihm bei den Vorbereitungen für das Fest zu helfen. »Ich tue nichts lieber«, antwortete der Edelmann und nickte eifrig.

Als der Heilige Abend anbrach, war das Wetter umgeschlagen. Ein milder, kaum spürbarer

Wind blies. Am nachtblauen Himmel funkelten die ersten Sterne. Zwischen ihnen hingen große, weiße Wolken.

Auf einmal wurde es lebendig im Tal. Von überall her strömten die Menschen zu dem Berg, der den Brüdern gehörte. Die Wanderer waren der Einladung des Johannes gefolgt. Jetzt stiegen sie die steilen Pfade empor und sangen dabei. Das Echo ihrer Lieder hallte von den Felsen wider.

Auch die Gefährten von Franziskus, die als Einsiedler in der Umgebung lebten, hatten sich den Bauern und Hirten, den Handwerkern und Dienstleuten aus Greccio angeschlossen. Der Feuerschein ihrer Fackeln erhellte den Wald und legte einen feierlichen Glanz über die Bäume.

Vor einer Grotte hielten die Menschen an. Dort stand eine Krippe für das Jesuskind. Ritter

Johannes füllte sie mit Heu. Sogar ein Ochs und ein Esel waren von ihm heraufgebracht worden. Die beiden Tiere zupften an den Halmen. Mit großen, erstaunten Augen schauten sie auf das Menschenvolk. Als Franziskus anfing die Geschichte von der Heiligen Nacht in Betlehem zu erzählen, spitzten sie ihre Ohren.

»Seht her«, sagte er, »so ist es damals gewesen, als das Jesuskind zu uns kam. Es lag in einer Futterkrippe, die für die Tiere bestimmt war. Wie alle Kinder dieser Welt hat der kleine Gottessohn geweint und sich erst in den Armen seiner Mutter beruhigt.«

Während Franziskus noch sprach, beugte er sich voller Begeisterung zu der Krippe hinunter. Da schien es den Leuten, als läge auf dem Heu tatsächlich ein Kind, mitten in einem strahlenden Licht.

Darüber staunten alle und wurden so fröhlich

wie noch nie in ihrem Leben. Sie sangen Halleluja, Halleluja. Der Esel aber schrie ganz sanft und der Ochs neben ihm muhte bedächtig, wie es seine Art war.

Erst am frühen Morgen kehrten die Menschen zurück nach Greccio. Überall im Land berichteten sie von der wunderbaren Nacht. Von nun an gehörte die Krippe mit Ochs und Esel zu jedem Weihnachtsfest.

Die süßen Trauben

Wie Franziskus wollten auch seine Brüder in Armut leben. Wenn es nichts zu essen gab, hungerten sie und blieben trotzdem gelassen und heiter.

Eines Tages erkrankte ein Gefährte von Franziskus. Obwohl er immer schwächer wurde, ließ er sich nichts anmerken und äußerte auch keinen Wunsch. Das Mönchlein, das den Kranken beobachtete, litt mit ihm.

Er ist so bescheiden, dachte Franziskus. Wie kann ich ihm helfen? Was kann ich Gutes für ihn tun?

Am nächsten Morgen erhob sich der Mann

aus Assisi zeitig von seinem Lager. Leise weckte er den Bruder und führte ihn in einen nah gelegenen Weinberg. Dort setzten sie sich auf den Boden neben einen Rebstock, dessen Früchte schon reif waren.

Franziskus pflückte eine Traube und steckte sie in den Mund. Sie schmeckte süß, sie schmeckte köstlich.

Dann forderte er den Gefährten auf, seinem Beispiel zu folgen. Noch während sie miteinander aßen, spürte der Kranke, dass er wieder zu Kräften kam.

»Diese Trauben sind ein Geschenk des Schöpfers«, sagte Franziskus. Gemeinsam priesen sie Gott, gemeinsam dankten sie ihm für die Früchte der Erde.

Franziskus und die Schäfchen

Einmal zog Franziskus durch die Marca d'Ancona. Er hatte einen Gefährten mitgenommen, der Paolo hieß. Auf den Weiden in der Nähe von Osimo begegneten sie einer Ziegenherde. Der Hirte wanderte neben ihr her. Gleichmütig sah er zu, wie sich die Böcke mit den Hörnern stießen und aneinander ihre Kraft erprobten.

Plötzlich blieb Franziskus stehen. »Sieh doch«, sagte er zu seinem Gefährten. »Zwischen den Ziegen und Böcken ist ein Lamm. Keines der Tiere will etwas mit ihm zu tun haben. Es gehört nicht zur Herde. Genauso lebte Jesus unter den Schriftgelehrten und Priestern.«

Paolo hatte längst aufgehört sich über den Mann aus Assisi zu wundern. Deshalb wollte er einfach weiterziehen. Aber Franziskus hielt ihn an der Kutte zurück. »Ich habe Mitleid mit dem Schäfchen. Lass es uns kaufen«, drängte er. »Wir müssen es von dieser schlimmen Gesellschaft befreien.«

»Womit sollen wir das Lamm denn bezahlen?«, wandte Paolo erschrocken ein. »Wir haben doch nichts.« Eine Weile ging es zwischen ihnen hin und her. In ihrem Eifer übersahen sie einen Kaufmann, der des Weges kam. Verwundert wurde er Zeuge, wie die Brüder ihre Kutten wendeten. Sorgfältig schauten sie nach, ob sich nicht doch ein Geldstück in eine Tasche oder eine Falte der Gewänder verirrt hatte.

Als sie nichts fanden, blickte Franziskus hoch und entdeckte den Kaufmann. Auf einmal strahlte sein Gesicht. »Steig bitte ab«, rief er,

»und kauf das Lamm für uns. Unter den Ziegen und Böcken ist es fremd und einsam.«

Irgendetwas, so schien es, ließ dem Kaufmann keine Wahl. Er vergaß, dass ihm die Brüder närrisch vorkamen, vergaß sogar, dass er sie auslachen wollte. Stattdessen holte er seine Geldtasche hervor und bezahlte einen stattlichen, viel zu großen Betrag für das Lamm.

Der Hirte freute sich darüber. Noch mehr freute sich jedoch Franziskus. Er streichelte das Schäfchen und trug es im Arm bis nach Osimo. Dort übergab er seinen Schützling den Schwestern von San Severino.

Bei den Schwestern lebte das Lamm vergnügt und sicher. Kein Bock stieß es mit seinen Hörnern, keine Ziege machte ihm die saftigen Gräser streitig. Aus seiner Wolle aber webten die Frauen von San Severino eine Kutte, die sie Franziskus schenkten.

Ein anderes Mal, wiederum in der Marca d'Ancona, begegnete Franziskus einem Bauern. Dieser trug zwei Lämmer auf der Schulter. Die Tiere, deren Füße an einen Stock gefesselt waren, hingen mit den Köpfen nach unten. Sie jammerten und blökten so ängstlich, dass Franziskus stehen blieb. Empört stellte er den Bauern zur Rede.

»Warum quälst du meine kleinen Geschwister? Was hast du mit ihnen vor?«, wollte er von ihm wissen.

»Ich trage sie auf den Markt und verkaufe sie«, gab der Bauer Auskunft.

»Sag mir doch: Was machen die Käufer mit den Schäfchen?«, erkundigte sich Franziskus weiter.

Da schüttelte der Bauer den Kopf. Wie konnte das Mönchlein nur so einfältig fragen! »Es ist immer das Gleiche«, versetzte er ungeduldig. »Die Lämmer werden geschlachtet, dann kommen sie als Braten auf den Tisch.«

Darüber erschrak Franziskus. Diese Tiere waren ja noch so jung und so hilflos. Er musste sie retten. Aber woher sollte er das Geld nehmen, um sie freizukaufen?

Er besaß nichts, gar nichts!

Kurz entschlossen zog Franziskus seine Kutte aus. Erst vor wenigen Tagen hatte er sie bekommen. Ihr Tuch war mehr wert als die Lämmer, viel mehr.

»Hier ist mein Gewand«, rief er. »Gib mir dafür die Schäfchen.«

»So ein gutes Geschäft darf ich mir nicht entgehen lassen«, murmelte der Bauer. Er konnte kaum seine Zufriedenheit verbergen, während er den Stock von der Schulter hob und die Fesseln der Tiere löste.

Die Lämmer mussten sich erst von ihrem

Schrecken erholen. Wie betäubt lagen sie vor dem Mönchlein auf dem Boden. Es dauerte eine Weile, bis sie mit wackligen Beinen aufzustehen versuchten. Franziskus beruhigte sie und strich zärtlich über ihre Rücken.

Danach sagte er zu dem Bauern: »Ich kann die beiden nicht mitnehmen. Also schenke ich sie dir. Nimm die Schäfchen zurück und sorge für sie. Versprich mir aber, dass du ihnen nie mehr ein Leid zufügst!«

Verwirrt nickte der Bauer. Er starrte Franziskus an, der nur noch ein Hemd trug und zitterte, weil es bitterkalt war.

Dieser Mann, dachte er, ist entweder ein Narr oder er ist ein Heiliger.

Noch lange blickte er dem Mönch hinterher. Fröhlich wanderte dieser weiter und pfiff dabei wie eine Amsel. Manchmal bähte er auch wie ein Schaf.

Also war Franziskus doch ein Narr. Nein, der Bauer schüttelte den Kopf.

So verrückt konnte nur ein Heiliger sein …

Der schreckliche Wolf von Gubbio

Franziskus war gewarnt worden. »Geh nicht nach Gubbio«, hatten seine Brüder zu ihm gesagt. »Dort gibt es einen gefährlichen Wolf. Er hat schon viele Schafe gerissen. Sogar Menschen fällt er an. Bitte, geh nicht nach Gubbio!«

Aber Franziskus ging trotzdem. Barfuß, ohne Tasche und ohne Stecken, machte er sich auf den Weg. Die Menschen, die ihm begegneten, schauten sich ängstlich um, bevor sie von dem Ungeheuer erzählten. In ihren Schilderungen wurde es immer größer. Es hatte messerscharfe Zähne und gierige, funkelnde Augen.

Nachts saß der Wolf auf den leeren Schafweiden vor der Stadt. Im Mondlicht wuchs sein Schatten, während er zu klagen und zu heulen begann. Dann fürchteten sich die Bewohner von Gubbio noch mehr als sonst.

Nur selten und schwer bewaffnet verließen sie ihre Stadt. Darum staunten sie über den kleinen, armen Franziskus, der nichts bei sich hatte: kein Schwert und keinen Spieß, nicht einmal einen Stock. »Ich komme in friedlicher Absicht«, sagte er zu den Wachen am Stadttor. Noch mehr staunten sie, als er fragte: »Wo ist der Wolf? Zeigt mir sein Versteck. Denn ich will zu ihm.«

Erschrocken wehrten die Männer ab. Dieser Mönch musste ein Narr sein! Das Ungeheuer würde ihn blitzschnell anfallen. Niemand konnte ihm dann noch helfen!

Franziskus sah das Mitleid in ihren Augen. Immer mehr Neugierige sammelten sich um den Mönch. Sie redeten auf ihn ein und hielten seine Kutte fest, die er mit bunten Flicken ausgebessert hatte. In diesem seltsamen Gewand glich er tatsächlich einem Narren.

»Wo finde ich den Wolf?«, fragte er noch einmal. Seine Stimme klang alles andere als furchtsam. »Ich will mit ihm sprechen«, sagte er fest.

Da endlich zeigten sie Franziskus den dunklen Wald weit vor den Mauern. Still standen die Bäume. Kein Windhauch regte sich, als der kleine, arme Mönch die Stadt wieder verließ. Er hatte den Kopf gesenkt und die Arme vor der Brust verschränkt. So geht einer, der sich opfert, dachten die Bürger von Gubbio.

Nur die Mutigsten begleiteten den Mann aus Assisi. Doch auch sie kehrten auf halbem Weg um und gesellten sich zu der Menschenmenge, die vor dem Stadttor stand, jederzeit bereit zur Flucht.

Die Zuschauer mussten nicht lange warten. Denn plötzlich, ohne Warnung, erschien der Wolf zwischen den Bäumen. Lauernd, als sei er schon auf dem Sprung, lief er auf Franziskus zu. Er umkreiste ihn eine Weile, während aus seiner Kehle ein tiefes, wildes Knurren drang.

Immer bedrohlicher schlich er heran. Schon entblößte der Wolf das mächtige Gebiss, schon duckte er sich. Sein Körper straffte sich, sein Schwanz schlug auf den Boden. Vor Angst waren die Bürger von Gubbio ganz still geworden.

In diesem Augenblick schlug Franziskus das Kreuz über dem Wolf. »Komm zu mir«, rief er mit heller Stimme. Bis in die Stadt konnte man ihn hören. »Komm, mein Bruder. Im Namen unseres Herrn Jesus Christus befehle ich dir, nie mehr etwas Böses zu tun!«

Bei diesen Worten ging ein Zucken durch den Wolf. Gleichzeitig fiel alle Wildheit von ihm ab.

Er kam Schritt für Schritt näher, schließlich ganz nahe, und legte sich vor dem Mann aus Assisi nieder. Aufmerksam schaute er Franziskus an, der ihn tadelte.

»Bruder Wolf, wie viel Unheil hast du angerichtet«, sagte er. »Kein Schaf im Pferch war sicher vor dir. Selbst Menschen hast du getötet. Ich weiß freilich, wer dich dazu trieb. Der Hunger ist schlimmer als alle anderen Übel und kann uns zu Bestien machen.«

Franziskus legte eine Pause ein. Er schien nachzudenken, während der Wolf, dieses Ungeheuer, immer noch geduldig zu seinen Füßen lag und mit dem Kopf nickte, als hätte er alles verstanden.

»Obwohl Schreckliches geschehen ist«, fuhr Franziskus fort, »will ich Frieden stiften zwischen dir und den Bürgern von Gubbio. Künftig sollen sie dich füttern und für dein Wohl sorgen. Dafür darfst du ihnen kein Leid mehr zufügen, auch nicht ihren Tieren. Versprichst du mir das?«

Kaum hatte er zu Ende gesprochen, setzte sich der Wolf auf seine Hinterläufe. Dann hob er seine rechte Tatze und legte sie in die ausgestreckte Hand von Franziskus. So versprach er Frieden zu halten mit den Bürgern von Gubbio.

»Jetzt gehen wir in die Stadt zurück«, freute sich Franziskus. »Ich will auf dem Marktplatz verkünden, was wir miteinander vereinbart haben. Das ganze Volk soll es hören.«

Ohne zu zögern, gehorchte der Wolf. Er begleitete den Mann aus Assisi und lief neben ihm her, sanft wie ein Lamm. Die Bürger von Gubbio machten den beiden staunend Platz. »Seht her«, rief Franziskus. »Ich habe meinen Bruder, den Wolf, mitgebracht. Er führt nichts Böses im Schilde, dafür bürge ich. Friedlich will er mit euch leben. Also gebt ihm, was er braucht. Sorgt für ihn, dann ist er freundlich zu euch.«

Während Franziskus redete, nickte der Wolf wieder mit dem Kopf. Auf diese Weise zeigte er den Bürgern von Gubbio, dass er die Vereinbarung mit ihnen einhalten würde. Da fielen sich die Menschen voller Erleichterung in die Arme. Jetzt war die Zeit der Angst vorüber, endlich konnten sie aufatmen.

An diesem Tag wurde in der Stadt ausgelassen gefeiert. Von den Dächern wehten bunte Fahnen und aus den geöffneten Fenstern der Häuser klang das Lachen der Kinder und ihrer Eltern.

Zwei Jahre lebte der Wolf noch in Gubbio. Er ging von Tür zu Tür und holte sich sein Futter. Dabei war er so zutraulich, dass ihn jeder lieb gewann.

Als er starb, trauerte die ganze Stadt um den sanft gewordenen Räuber.

Auf dem Weg nach Bari

Einmal zog Franziskus mit einem Gefährten durch Apulien. Sie waren schon in der Nähe von Bari, da entdeckten sie auf dem Weg einen Geldbeutel. Prall gefüllt lag er in der Sonne und wollte mitgenommen werden.

»Mit dem Geld kannst du den Armen helfen«, sagte der Gefährte zu dem Mönchlein. »Denk an ihre Not!«

Aber Franziskus schüttelte nur den Kopf. »Das ist fremdes Gut«, antwortete er. »Wer sich daran vergreift, tut Unrecht.«

Schweigend wanderten sie weiter, bis es der Bruder nicht länger aushielt. Immer wieder redete er von dem Geldbeutel, immer wieder drang er in Franziskus doch umzukehren. Schließlich gab das Mönchlein nach. Gemeinsam gingen sie zurück.

Der Geldbeutel lag noch in der Sonne, als hätte er auf sie gewartet. »Nimm ihn«, sagte Franziskus zu dem Bruder.

Die Münzen in dem Beutel klirrten, als der Bruder danach griff. Dann wurde es auf einmal still. Begierig öffnete er den Verschluss. Im gleichen Augenblick glitt eine Schlange heraus. Silberschwarz schimmerte ihr Körper und ihre Zunge zischelte.

»Gefährlich ist dieses Geld«, rief Franziskus. »Es kann dich verführen, es kann dein Leben zerstören!«

Der Bruder ließ erschrocken den Beutel fallen. Er schämte sich wie nie zuvor in seinem Leben.

Trotzdem musste er noch oft an die Schlange denken, die raschelnd im Gras verschwunden war.

So schön, so geschmeidig, so geheimnisvoll hatte sie ausgesehen.

Der Erntehelfer

Franziskus, der Mann Gottes, litt an einer Augenkrankheit. Manchmal kam es ihm vor, als sei die bunte Welt auf einmal grau geworden. Er sah nur noch Schatten und wurde darüber sehr traurig.

Deshalb schickten ihn die Gefährten nach Rieti. Dort gab es gute Ärzte. Vielleicht können diese Ärzte die kranken Augen unseres Meisters heilen, dachten die Brüder. Dann wird er wieder fröhlich.

In Rieti kehrte Franziskus bei einem Priester ein, der sich um eine kleine Kirche draußen vor den Stadtmauern kümmerte. Sonst besaß er nicht viel: nur ein bescheidenes Haus und einen Weinberg hinter dem Kirchlein.

Damals weilte auch der Papst mit seinem Gefolge in Rieti. Zahlreiche Bischöfe und Kardinäle begleiteten ihn. Jeder der hohen Herren wollte Franziskus sehen, der im ganzen Land bekannt war.

Schon frühmorgens strömten die Menschen zu ihm. Dicht gedrängt standen sie im Flur des Priesterhauses, in der Küche und in der Stube. Selbst im Weinberg warteten sie geduldig, bis sie mit Franziskus reden konnten.

Das dauerte eine Weile und noch eine Weile. In der Zwischenzeit pflückten die Besucher die Trauben, die schon reif waren. Fröhlich aßen sie und lachten dabei.

Nur der Gastgeber von Franziskus lachte nicht mit. Hilflos wurde er Zeuge, wie die Fremden seinen Weinberg zertraten. Am

Abend waren fast alle Trauben verschwunden.
»Wovon soll ich jetzt leben?«, klagte er dem
Mann aus Assisi. »Wenn ich keinen Wein mehr
verkaufen kann, muss ich betteln.«

Franziskus schaute auf den geplünderten
Weinberg. »Jetzt ist es zu spät«, sagte er zu dem
Priester, der ihm Leid tat. »Aber du warst so
großzügig und hast meine Gäste und mich be-
wirtet. Deshalb wird Gott auch großzügig zu
dir sein.«

Als er das zweifelnde Gesicht seines Gastge-
bers sah, erkundigte er sich: »Wie viele Wein-
fässer füllst du in einem guten Jahr?«

»Höchstens zehn«, antwortete der Priester.

Da rief Franziskus: »Mit Gottes Hilfe werden
es bei der nächsten Ernte doppelt so viele sein
oder ich ersetze dir den Verlust.«

Was er vorausgesagt hatte, erfüllte sich. Im
Jahr darauf hingen die Trauben schwer und süß

an den Rebstöcken. Der Priester konnte zwanzig Fässer mit Wein verkaufen und erzielte einen guten Preis dafür. Das befreite ihn von allen Sorgen.

Glücklich pries er Gott, den großen Erntehelfer.

Die Freundschaft mit dem Falken vom Berg La Verna

Ein Edelmann aus der Toskana hatte Franziskus und seinen Gefährten einen Berg geschenkt. Dieser hieß La Verna und war schon von weitem sichtbar. Dichtes Unterholz versperrte den Weg zum Gipfel. Deshalb mussten die Brüder erst einen Pfad durch das Gestrüpp schlagen.

Zwischen den zerklüfteten Felsen bauten sie zwei Hütten: eine größere für sich und eine kleine, abgeschiedene für Franziskus. Denn der Mann aus Assisi liebte die Einsamkeit. Brot und Wasser, das Licht des Himmels und die

Luft, die nach wilden Kräutern roch: Mehr brauchte er nicht zum Leben.

Stundenlang saß Franziskus im Schatten eines alten Baumes und dachte nach oder betete. Manchmal fiel ihm dabei ein Falke auf, der pfeilschnell durch die Luft schoss. Sobald er eine Taube geschlagen hatte, verschwand er mit der Beute in seinem Felsenversteck.

Franziskus hatte schon öfter gezähmte, abgerichtete Falken gesehen. Sie hockten bewegungslos auf dem Handschuh ihres Herrn, während ihr Kopf in einer schwarzen Haube steckte. Das wirkte seltsam traurig. Dieser hier, der Falke vom Berg La Verna, aber war kein Gefangener. Kühn kreiste er um den Gipfel und stieß seine durchdringenden Rufe aus.

Allmählich, ganz langsam, schloss der Vogel Freundschaft mit Franziskus – freilich eine

Freundschaft aus der Ferne, denn der Falke duldete keine Nähe. Dafür begrüßte er den Mann Gottes, sobald dieser seine Hütte verließ. Mit rüttelnden Flügeln stand er dann hoch über ihm.

Sogar die regelmäßig wiederkehrenden Gebetszeiten von Franziskus schien er zu kennen. Vor allem nachts gab er Acht, dass das Mönchlein zur rechten Zeit aufstand, und weckte es mit einem scharfen, weit schallenden Schrei.

Dies geschah zwei Jahre bevor Franziskus starb. Damals, am La Verna, fühlte er sich bereits krank. Dem Falken blieb nicht verborgen, dass Franziskus immer schwächer wurde. Hatte der Vogel vielleicht sogar Mitleid mit ihm?

Jedenfalls stellte er von da an die nächtlichen Weckrufe ein und ließ seine Stimme erst in der Morgendämmerung hören. Sie schnitt auch nicht mehr wie eine Sichel durch die

Luft, sondern klang jetzt vorsichtig, beinahe zärtlich.

So schonte der Falke den Mann aus Assisi und schenkte ihm einen längeren Schlaf. Die Gefährten aber, die bei Franziskus in der Einsamkeit des Berges La Verna gewesen waren, bewahrten in ihrem Herzen, was sie erlebt hatten.

Das Bienenwunder

Franziskus liebte die großen und die kleinen Geschöpfe. Den Bruder Esel, den er nie zu streicheln vergaß, liebte er genauso wie die Käfer, die am Boden krabbelten.

Sobald er auf seinem Weg einen Wurm entdeckte, bückte er sich nach ihm. Behutsam hob er ihn hoch und trug ihn an den Rand, wo das Gras wuchs und die Hecken standen. Dort war der Wurm sicher, dort zertrat ihn niemand.

Auch um die Bienen sorgte sich Franziskus. Im Winter ließ er ihnen Honig und süßen Wein hinstellen, sodass sie den Frost besser ertrugen und nicht verhungern mussten. Franziskus bewunderte ihren Eifer. Noch mehr bewunderte er aber die Kunstfertigkeit, mit der sie ihre Waben bauten. Manchmal redete er den ganzen Tag von nichts anderem, nur davon.

Vielleicht spürten die Bienen seine Zuneigung und besuchten ihn deshalb in der Einsamkeit auf dem Berg La Verna. Während er vor seiner kleinen Hütte saß und betete, flogen sie um ihn herum oder setzten sich auf seine Kutte.

Als er wieder in das Tal hinunterstieg, ließ er ein Tongefäß zurück. Mit ihm hatte er jeden Tag Wasser aus einer Quelle geholt. Lange danach suchten seine Brüder den Ort noch einmal auf. Da sahen sie, dass ein Bienenvolk in dem Gefäß wohnte. Die Waben wuchsen über seinen Rand hinaus und in seinem Inneren summte es fröhlich und dankbar.

Die Brüder staunten darüber. »Der Heilige«,

sagten sie zueinander, »hat den Bienen zum Abschied ein schützendes Haus geschenkt. Hört nur, wie sie sich darüber freuen.«

Warum Franziskus die Haubenlerchen liebte

Franziskus war ein Freund der Vögel, ganz besonders aber der Haubenlerchen. Wenn eine von ihnen in die Luft aufstieg und leise zu singen begann, blieb er stehen. Aufmerksam hörte er zu und ließ sich dabei durch nichts stören.

Wie kein anderes Geschöpf erinnerte ihn die Lerche an seine Brüder. Manchmal sagte er deshalb zu den Gefährten: »Unsere Schwester trägt eine Kapuze. Darin ähnelt sie euch. Sie ist bescheiden und will nicht glänzen. Wenn die Lerche Hunger hat, sucht sie nach Körnern am Wegrand. Sogar aus dem Abfall holt sie ihr Futter. Mehr braucht sie nicht zum Leben. Ihr Gesang klingt unvergleichlich schön. Hoch über uns, im Flug, preist sie den Schöpfer. Auch ihr sollt Gott loben und stets an den Himmel denken. Das Federkleid unserer Schwester hat die unauffällige Farbe der Erde. Dieser Vogel, der süßer singt als alle anderen Vögel, trägt kein kostbares, buntes Gewand. Ganz einfach, ohne jeden Schmuck kommt er daher.«

So sehr bewunderte Franziskus die Haubenlerchen. Am Abend, an dem er starb, versammelten sie sich über seiner Hütte. Aus allen Richtungen kamen sie und bildeten ein Rad in der Luft. Dann ließen sich die Haubenlerchen auf dem Dach der Hütte nieder. Ein letztes Mal sangen sie für den Mann aus Assisi, der alle Geschöpfe liebte.

Das war am 3. Oktober 1226.

Das große Lob der Schöpfung

Franziskus liebte die Sonne und das Feuer.
»Wenn am Morgen unsere Schwester am Himmel erscheint, sollen wir Gott dafür dankbar sein«, sagte er. »Der Herr hat die Sonne erschaffen, damit wir den Tag sehen können. Am Abend aber sollen wir Gott danken für unseren Bruder, das Feuer. Denn er macht die Nacht hell und leuchtet uns. Wie Blinde wären wir ohne die beiden Geschwister des Lichtes.«

Immer wieder pries er das Wasser, das den Durst der Geschöpfe stillt und im Regen alles rein wäscht. Für Franziskus war das Wasser ein Gottesgeschenk. Deshalb gab er Acht, dass er es nicht verschüttete, wenn er es aus einer Quelle oder aus einem Bach schöpfte.

Weil er ihm nicht wehtun wollte, stieg er nie mit den Füßen hinein. Selbst über felsigen Grund ging er nur zögernd und behutsam, denn die Steine gehörten genauso wie das Wasser zur Schöpfung Gottes.

Was seine Augen sahen, das lobte der Mann aus Assisi. Voller Staunen betrachtete er die Felder und die Weinberge, die Schluchten und die Wälder, die grünen Weiden und die duftenden Gärten, die Wolken und den Mond mit den Sternen am Himmel.

Die Brüder, die das Holz für die Klosterküche schlugen, bat er einen Baum nie mit den Wurzeln auszureißen. »Lasst ein Stück von ihm stehen«, sagte er. »Tut es aus Liebe zu unserem Retter Jesus Christus, der am Holz des Kreuzes gestorben ist.«

Den Klostergärtner wies er an nicht alles mit Gemüse zu bepflanzen. Ein Teil des Gartens blieb dem Unkraut vorbehalten, ein anderer Teil den Blumen. Bei ihrem Anblick freute sich Franziskus wie ein Kind. »Seht die Schönheit dieser Blumen«, rief er. »Sie erinnert an die noch größere Schönheit des Himmels.«

So dankbar war Franziskus für Gottes Schöpfung, dass er darüber ein Lied schrieb. Er sang es seinen Brüdern vor und sie sangen es mit ihm:

Höchster, allmächtiger, gütiger Herr!
Dein ist das Lob,
der Ruhm und die Ehre.
Dein ist jeder Dank.
Dir allein, Höchster, gebühren sie.
Kein Mensch ist würdig,
Dich bei Deinem Namen zu nennen.

Sei gelobt, mein Herr,
durch alle Deine Geschöpfe,
besonders durch die Schwester Sonne,
die uns das Tageslicht schenkt.
Wunderschön ist sie.
Ihr strahlender Glanz
erzählt von Deiner Herrlichkeit, Höchster.

Sei gelobt, mein Herr,
durch den Bruder Mond und die Sterne.
Am Himmel hast du sie geschaffen:
leuchtend, kostbar und funkelnd.

Sei gelobt, mein Herr,
durch den Bruder Wind,
durch die Luft und die Wolken,
durch jedes Wetter,
mit dem Du Deine Geschöpfe gedeihen lässt.

Sei gelobt, mein Herr,
durch die Schwester Quelle.
So nützlich ist sie,
so rein und so frisch!

Sei gelobt, mein Herr,
durch den Bruder Feuer.
Denn er macht die Nacht hell.
So fröhlich ist er,
so gewaltig und so stark!

Sei gelobt, mein Herr,
durch unsere Schwester,
die Mutter Erde.
Sie ernährt und erhält uns.
Vielerlei Früchte bringt sie hervor,
schöne Blumen und Kräuter.

Sei gelobt, mein Herr,
durch alle,
die aus Liebe zu Dir verzeihen
· und Krankheit und Kummer
geduldig ertragen.
Selig sind jene,
die friedlich leben.
Du, Höchster, wirst sie
in den Himmel aufnehmen.

Bruder Angelo und Bruder Leo sangen dieses Lied am Sterbebett von Franziskus. Leise sangen sie es und mit Tränen in den Augen. Franziskus aber fügte eine letzte Strophe hinzu:

Sei gelobt, mein Herr,
durch unseren Bruder, den Tod.
Kein Mensch kann ihm entrinnen.
Selig sind alle,

die Deinen Willen erfüllt haben.
Denn sie dürfen zu Dir kommen.

Lobet und preiset meinen Herrn!
Sagt ihm Dank und dient ihm
in großer Demut!

Amen.

Du, Mama, wie war das eigentlich?

Jule Sommersberg
Adam, Eva und ein Boot voller Tiere
Gesamtausstattung: Heribert Schulmeyer
112 Seiten mit Illustrationen, ISBN 3 522 30015 7

„Du, Mama, wie war das eigentlich?" Johanna will einfach alles über diese Menschen wissen, denen vor so vielen Jahren so unglaubliche Sachen passiert sind. Deshalb löchert sie ihre Mutter mit Fragen und Frau Blume erzählt ihr zwischen Frühstück und Schlafengehen eine spannende biblische Geschichte nach der anderen.